母が
はじまった

むぴー（mupy）

PHP

はじめに

はじめまして、むぴーと申します。

四歳の息子と二歳の娘と夫の四人家族で暮らしています。


このマンガは私の実体験を元に描いた、フィクションマンガです。

なので主人公のリサは私ではありません。


でも、リサの感情は全て、私が実際に経験した感情です。

初めて赤ちゃんを見た時、初めて病室で二人きりになった時、眠れない長い長い夜、赤ちゃんを預けてシャワーを浴びた時の解放感、実母のほうが赤ちゃんを泣きやませるのが上手で自信をなくす毎日、赤ちゃんを可愛いと思えない気持ち、泣きながらの授乳、なかなか人に言えない弱音《よわね》、実母への感謝と尊敬、そして我が子を愛《いと》おしく思う気持ち……。

これらは、日記やブログに書かれていたので覚えていましたが、読み直すまですっかり忘れていたこともたくさんありました。

当時誰にも言えなかった感情を、一つ一つ供養するようにこのマンガを描きました。

約四年前、「この弱々しい命をちゃんと育てられるのだろうか」という不安の中、
ひとり夜の病室で泣いていた私に

これから新しい命を迎える人に

かつて長い長い夜にひとり声を殺して泣いていた人に

そして、今現在眠れない長い長い夜を過ごしている人に

この本を読んでもらえたら嬉しいです。

むぴー

もくじ

はじめに 002

1 母、はじまる

第1日 008 母親の実感のこと 014
第2日 015 眠れない夜のこと 024
第3日 025 妄想子育てのこと 030
第4日 031 かわいい、のこと 036
第5日 037 母親なんだから、のこと 044
第6日 045 母親の存在のこと 050
第7日 051

2 父、はじまる

娘の誕生 060
出産立ち合いのこと 066
父親って… 067
夫の子育てのこと 076
［番外編］じいじの思い出 077
じいじの思い出のこと 082

3 母になれて良かった

自分の言葉で書いておこう 106
『母がはじまった』ができるまで 108
母のモノローグ 113
おわりに 124

この本に登場する人

1

母、はじまる

早川リサ二十七歳

私は母になった

…今さっき
ふぎゃあ
ふぎゃあ
もっと感動のご対面に
なると思ってたけど
わたしの赤ちゃん!!
思ったような感情は
湧いてこなかった
ふぎゃあ
ふぎゃあ
やっと
出てきた…
思考停止中
ふぎゃあ
ふぎゃあ
これだけ（笑）

十時間を超える陣痛と
出産の後だから

仕方がないのかもしれない

生まれたばかりの
赤ちゃんは
思ったより可愛くなかった

フニャフニャで
なんとも頼りなくて

簡単に
生きることを
やめてしまいそうだった

これは、母親になった私の物語

今日お母さんに
なった
リサでーす
お母さんは
今日から
おばあちゃんです
やだもう
あはははは
お母さんになった
感想をどうぞ!
え〜?
ショウジ君も
晴れてお父さんだ!
おめでとう
いやー
ありがとう
ございます
まだ
全然実感が
ないよ
あら、もうすぐ
八時じゃない
そろそろ面会時間
終わりよ
え、本当?
じゃあもう
帰らなきゃだ
こんにちは!
可愛い
可愛い
シオリちゃん
です
じゃあね
リサ!
また明日
来るから
うん
ありがとう

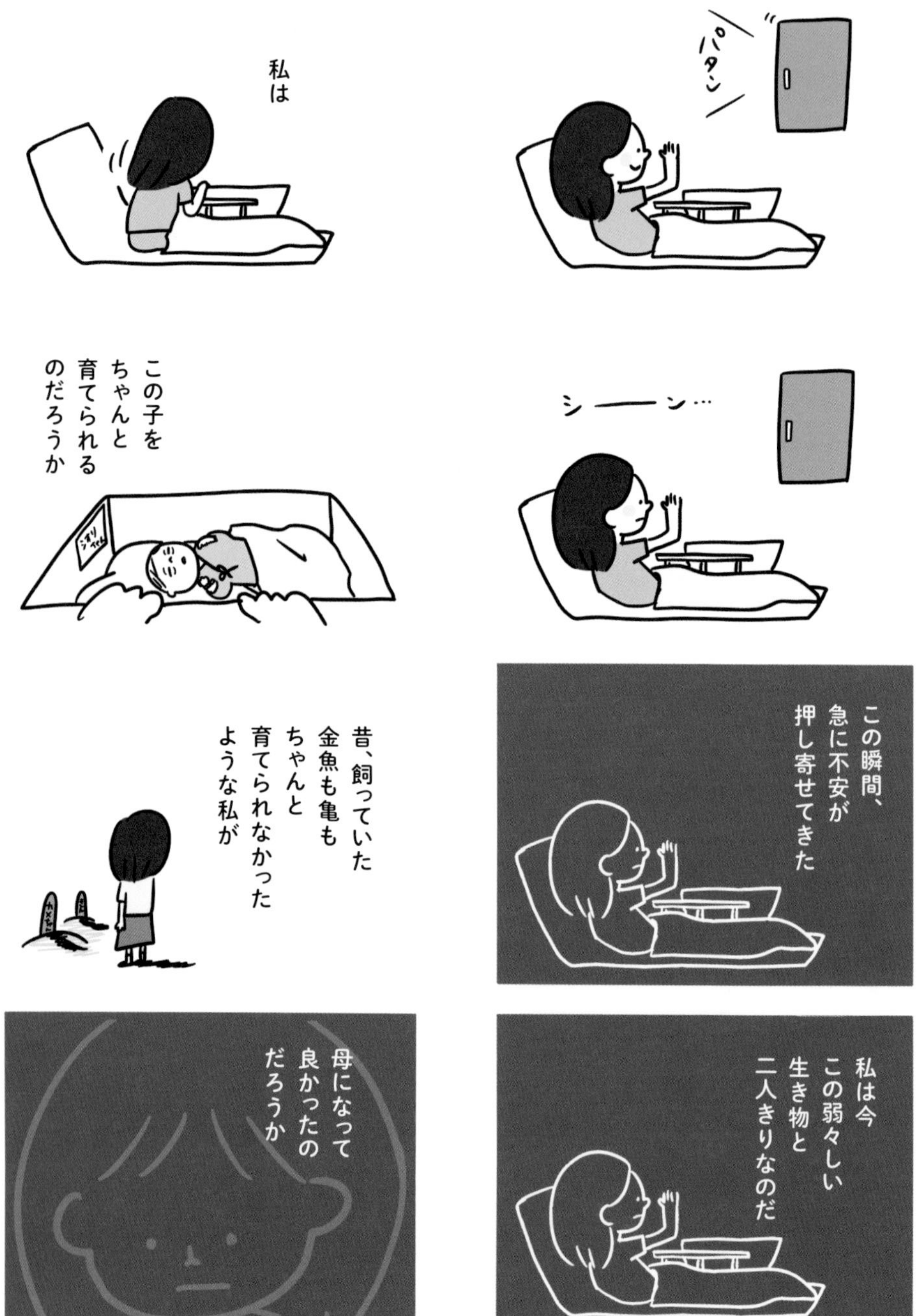

パタン
私は
シーーン…
この子を
ちゃんと
育てられる
のだろうか
この瞬間、
急に不安が
押し寄せてきた
昔、飼っていた
金魚も亀も
ちゃんと
育てられなかった
ような私が
私は今
この弱々しい
生き物と
二人きりなのだ
母になって
良かったの
だろうか

こんな私の所に生まれてきてくれてありがとう…
ぼそ…
あれ…
あれれ…
その涙は
嬉しさからなのか不安からなのか
はたまた疲れからなのか
私にはよく分からなかった
シオリちゃん
母親になるって思ってたよりもずっと重たくて責任重大な任務なのかも…
そう感じていた

母親の実感のこと

「自分が母親になったことを実感する瞬間」って人それぞれだと思いますが、私の場合は出産後に個室で息子と２人きりになった瞬間にやってきました。


「やった！　母になった！」というような、そんな幸せいっぱいな気持ちではなくて。

　私の初めての母親の実感は「ああ、私は途方もないプロジェクトに手をつけたのだ」という不安でいっぱいの思いと共にやってきました。


　今まで頭で思い描いてきた“母親”はおままごとレベルでしかなく、実際の“母親”は遥かに重く、責任のあるものだったと、ものすごく感じました。

「このプロジェクトを途中で放棄《ほうき》することはできない」

「はじめた以上、最後までやり遂げる責任が私にはあるんだ」

という思いと、

「こんなしょうもない私の元に、こんな特別な子を与えてもらえたんだ」

という感謝の気持ちが静かに湧き上がってきて、なぜだか分からないけど涙が止まらなくて。


“母親”としての私はそんな感じでスタートしました。

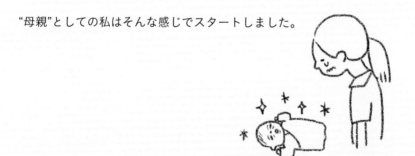

第2日

朝日をこんなに
嬉しいと感じたのは
いつぶりだろう

夜をあんなに
長く感じたのは
いつぶりだろう

七時間前に遡《さかのぼ》る

消灯時間か…
「初日だし赤ちゃん預かりましょうか?」って看護師さんに聞かれたのになんか断っちゃったな
まあ、でも今の所赤ちゃんも寝てくれてるし結局家に帰ったら全部私が面倒見ないといけないし
がんばれわたし!!
今のうちに慣れておいたほうが良いよね!
ゴロリ
てことでお休みなさい

すーーー
すーーー
ぱち
なんか静かすぎない?いつの間にか赤ちゃんの息が止まってたらどうしよう…!?

がばっ
ほっ
良かった死んでない…
今度こそ寝よう
会陰《えいん》切開の痕《あと》と後陣痛《こうじんつう》がけっこう痛くなってきた
ズキズキ
痛み止めもらう?
いやいやもうちょっと様子を見よう
フギャーフギャー
あ、誰かの赤ちゃんが夜泣きしてる…お母さん大変だなぁ
……
うちの子生きてるかな…
よいしょ
あ、うん息してる大丈夫
…じゃなくて本気で寝よう
出産でクタクタなんだから休まなきゃ

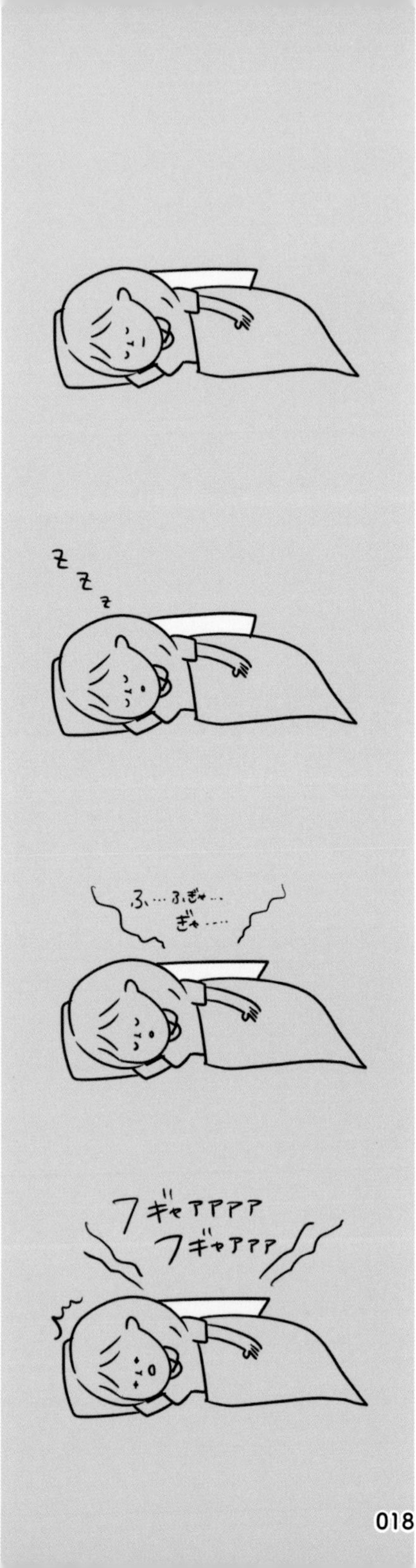
z z z
ふ…ふぎゃ…
ぎゃ……
フギャアアアア
フギャアアア

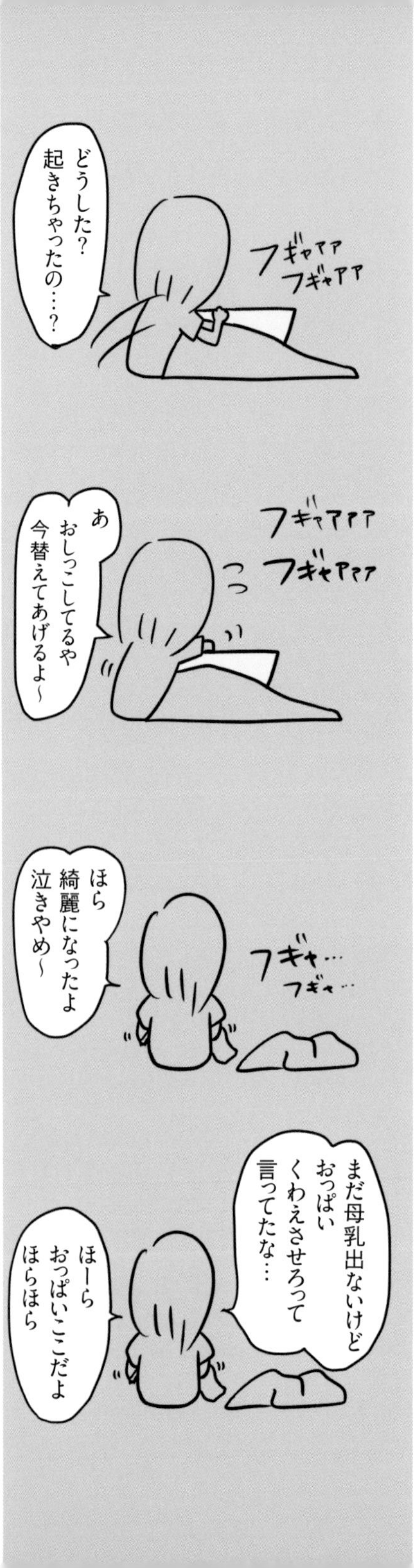
どうした？
起きちゃったの…？
フギャアア
フギャアア
あ
おしっこしてるや
今替えてあげるよ～
フギャアアア
フギャアアア
ほら
綺麗になったよ
泣きやめ～
フギャ…
フギャ…
まだ母乳出ないけど
おっぱい
くわえさせろって
言ってたな…
ほーら
おっぱいここだよ
ほらほら

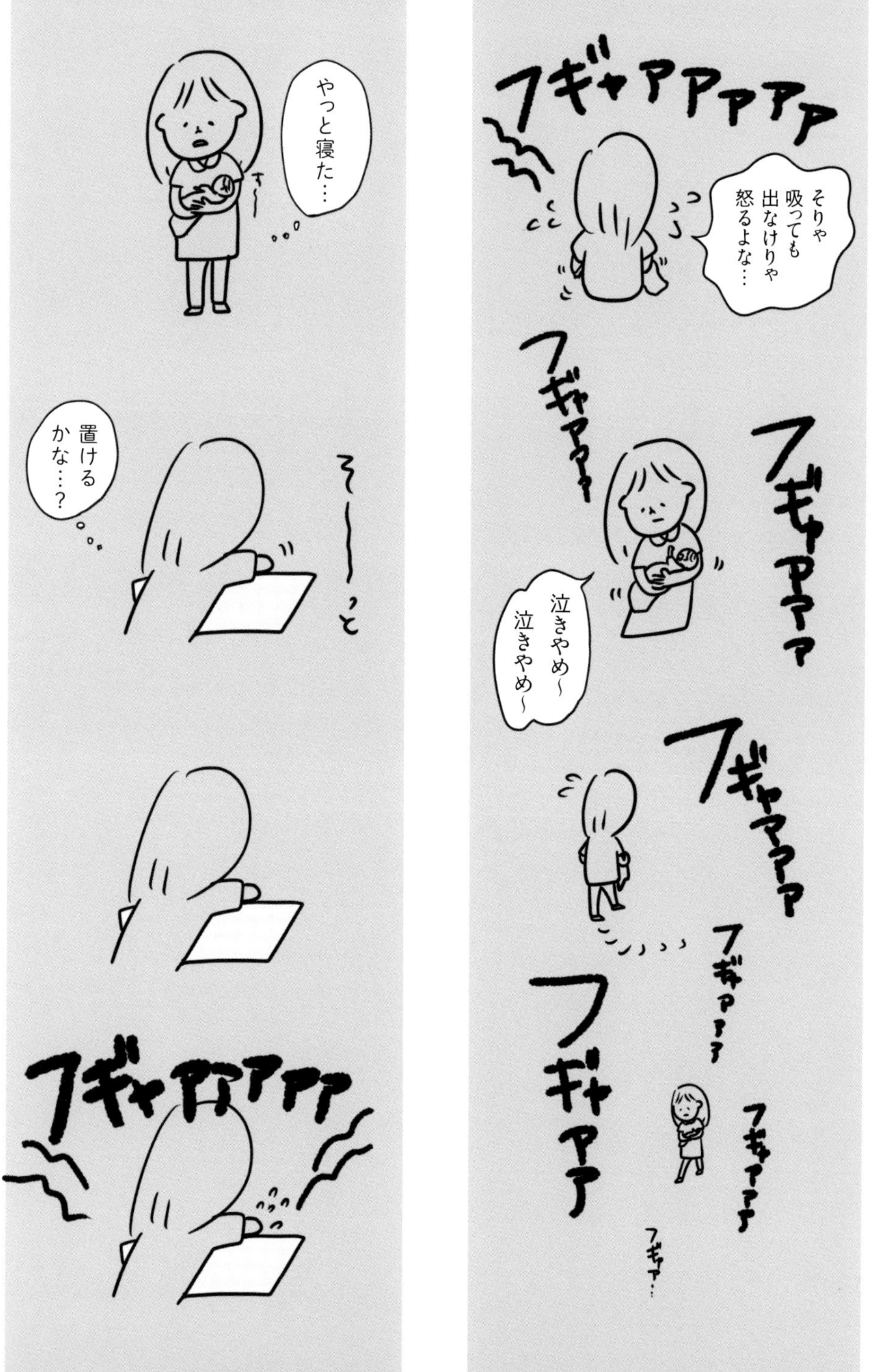
フギャアアアアア
そりゃ吸っても出なけりゃ怒るよな…
フギャアアー
フギャアアア
泣きやめ〜泣きやめ〜
フギャアアアア
フギャアアア
フギャアア
フギャアアア
フギャア…
やっと寝た…
す〜
置けるかな…？
そ〜〜〜っと
フギャアアアアア

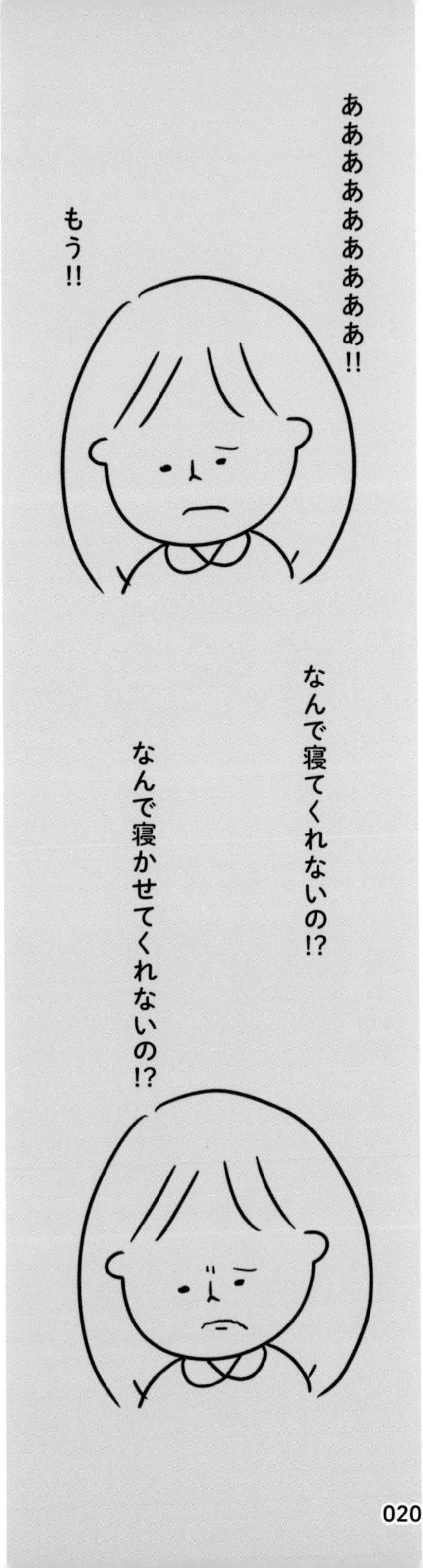
ああああああああ!!
もう!!
なんで寝てくれないの!?
なんで寝かせてくれないの!?

何よりこんな
新生児相手に
イラついてる自分に
すごく腹がたつ

トントン
早川さん 赤ちゃん 大丈夫ですか? ちょっと入りますよ
フギャァァァァ
よしよし どうしたの? 大丈夫だよ~ ママのお腹の中じゃないから 不安なんだね
フギャァァァ
フギャァァァ
わあすごい もう泣きやんだ 私だと全然 泣きやまなくて
ははは 慣れてますから それに
早川さんはまだ 母親一日目です
いろいろと うまくできなくて 当たり前ですよ
これから
ゆっくり お母さんに なっていけば 良いんです
その一言に
すごく
救われた気がした

その後も赤ちゃんは
何度も起きて泣き
時々看護師さんに
手伝ってもらいながら
なんとか夜を明かした

結局私はほとんど眠ることができなかった

世の中のお母さん

私はあなたがたを
心底尊敬いたします

では
お休みなさい

その後 看護師さんが
眠る時間を作ってくれました
ゆっくりしてね〜

眠れない夜のこと

１人目出産後の入院中は、ほとんど夜眠れませんでした。

神経がビンビンに張り詰めていて、少しでも物音がすれば飛び起きたり、逆に静かすぎると「息が止まってたらどうしよう……」と不安になって赤ちゃんの様子を何度も何度も確認したり。私は母子同個室の産院だったのですが、いつ泣き出すかも分からない赤ちゃんと２人だけの病室は本当に心細く、夜が永遠に続くような気分でした。

おっぱいをあげるのもオムツを替えるのも上手にできず、泣き続ける赤ちゃんと一緒に何度泣いたか分かりません。でも、そのたびに助産師さんや看護師さんが部屋に入ってきて助けてくれました。

ひたすら「早く朝になれ、早く明るくなれ」と念じ続け、外が明るくなってくると本当に安心したのを覚えています。

当時は「自分も母親になったんだし、入院中もできるだけ自分で子供を見ないと」というプレッシャーがあり、子供を預けることに罪悪感がありましたが、入院中は無理せずに子供を看護師さんに預け、自分の体を休めることに専念したら良かったなと、今は思っています。

第3日

ブブブ…
リサ
ブブブ…
もしもし リサ?
電話なんかしてどうしたの?
え? 性別分かったって? どっちどっち?
女? 女の子なの? おおおお!

出産の数カ月前のお話
〇〇産院
ウィーン
早川リサ二十六歳
このたび私は
ガサゴソ
お母さんになります!
ニヤァ…
ブロロロ…
女の子かぁ…
きっと
可愛いだろうなぁ
私のお腹の中に
赤ちゃんが
いるんだ
私の
赤ちゃんが
私の可愛い赤ちゃん
どんな顔だろう
どっちに似てるだろう
どんな性格なんだろう
そして
どんな人生を送るんだろう
まずは
どうか元気に
生まれてきてね
お母さんは
あなたに会えるのを
楽しみにしてるのよ

ばーん
リサーーー!! 祝☆女の子おめでとう!
おいしくて安いケーキ屋
ちょこん
ちょっと気が早いけどつい買っちゃった!
あははショウジよっぽど娘が嬉しいんだね
だってー可愛い娘に「パパー」とか呼ばれるんだよ?
これにタオル詰めたらさ新生児気分が味わえるんじゃない?
わくわく
確かに…やってみよう!
でも思春期になったら「お父さん臭い」とか言われるんでしょ
いい匂いのお父さんになるから大丈夫!
なにそれあはは
どう? 赤ちゃん完成!
どーん
……
あ、そうだこれ性別判明記念でケーキ買っちゃった!
わーいありがとう! 実は私も…
わあなんか本当に赤ちゃん抱いてるみたい
ちっちゃいなあ可愛いなあ

ほらほら パパだよ〜 よしよし
あーあ 私早くお母さんになりたくなってきた
あと数カ月の辛抱だよ!
やだ、待てない! 今すぐなりたい!
そりゃ無理だよ〜
あははは
今だから分かる
あの時思っていた〝母親〟は、おままごとレベルだったと

うわぁ ひどい顔…
子供が生まれてから自分のことは全部後回しだもんなぁ
ははは
はー
妊娠中は産みたい産みたいって思ってたのに
今はもうちょっと長くお腹にいてくれても良かったかもと思う不思議…
とにかく今日は友達も来るし
ちょっとは気合い入れておこう
!!
ブギャ〜
ひえー シオリちゃんもう起きたの?
トイレ行く時間もないなこりゃ

妄想子育てのこと

今お腹にいる赤ちゃんと会えたら最高に幸せに違いない、と思っていた妊娠中の私。

性別が分からないうちからベビー服を１着だけ買って、バスタオルを入れて抱っこしては「小さいなぁ、可愛いなぁ、最高だなぁ」とバスタオルにメロメロしていたりしました。

バスタオルにもこれだけ愛情が湧き出してくるのだから、実際の子供に会ったらもう私の母性はぶっ飛んでしまうんじゃないか、って思ったりしてました。

いやーでもやっぱり、バスタオルと実際の赤ちゃんは全然違いましたね。良くも悪くも。

第4日

入院中、いろんな人が
面会に来てくれる

みんな声を揃えてこう言う
「赤ちゃん可愛い」
「可愛すぎる〜」

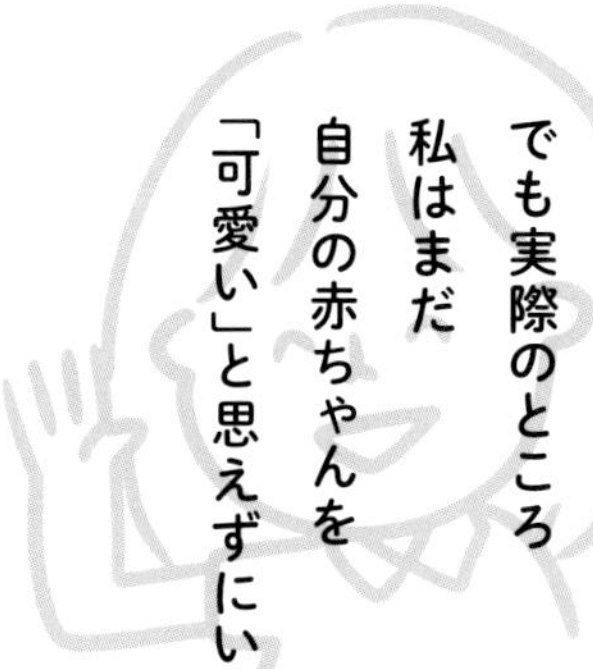

でも実際のところ
私はまだ
自分の赤ちゃんを
「可愛い」と思えずにいる

そんなこと
誰にも言えないけど

やばーい シオリちゃん 超可愛い！ 手とか めっちゃ 小さい！
本当 小さいよね！
良いなあ 私も早く相手見つけて 子供産みたく なったわ！
あはは 頑張れ 応援してる
ああ… 本当可愛い…
こんなに可愛い子と ずっと一緒にいられる なんてリサは幸運だね
今日は シオリちゃんの お陰で 元気出たわ！ ありがとう
うん ミチコも 仕事 頑張ってね
「こんなに可愛い子」…か
確かに可愛いとは思う
でも何だろう みんなが言うような
「きゃー可愛すぎる！」 みたいな感情がない
子供は好きだし 友達の赤ちゃんを見たら
「きゃー可愛すぎる！」 っていつも思ってた

自分の子供だったら
なおさら可愛いだろう
って思ってたけど…
リサ 友達は 帰ったの？
あ、お母さん 来てたんだ！ さっき 帰ったとこ
そう… お母さんが シオリちゃん 見ててあげるから 今のうちに シャワー 浴びちゃえば？
本当？ 助かる！
ざー
こうして
赤ちゃんから離れると
すごくホッとしている
自分がいる
わしゃ
わしゃ
普段どれだけ
赤ちゃんとの生活を
ゴシ
ゴシ
ストレスに感じてるのか
証明してるみたいだ
ざざ
ねえお母さん お母さんは 私を産んだ時 大変じゃ なかった？
そう だねぇ…

すごく大変だったけどあんたが可愛くて仕方がなかったから全然気にならなかったよ
やっぱり私……
母親向いてないのかなぁ
バサッ
泣くな泣くな出産してからナーバスになりすぎだ
ありがとう！おかげでさっぱりしたよ
こっちもシオリちゃん良い子だったよ〜
ちょうど面会終了時間になるからお母さんは帰るね
よいしょ
あ、うん本当ありがとう
シオリちゃーんお母さんとこおいで〜

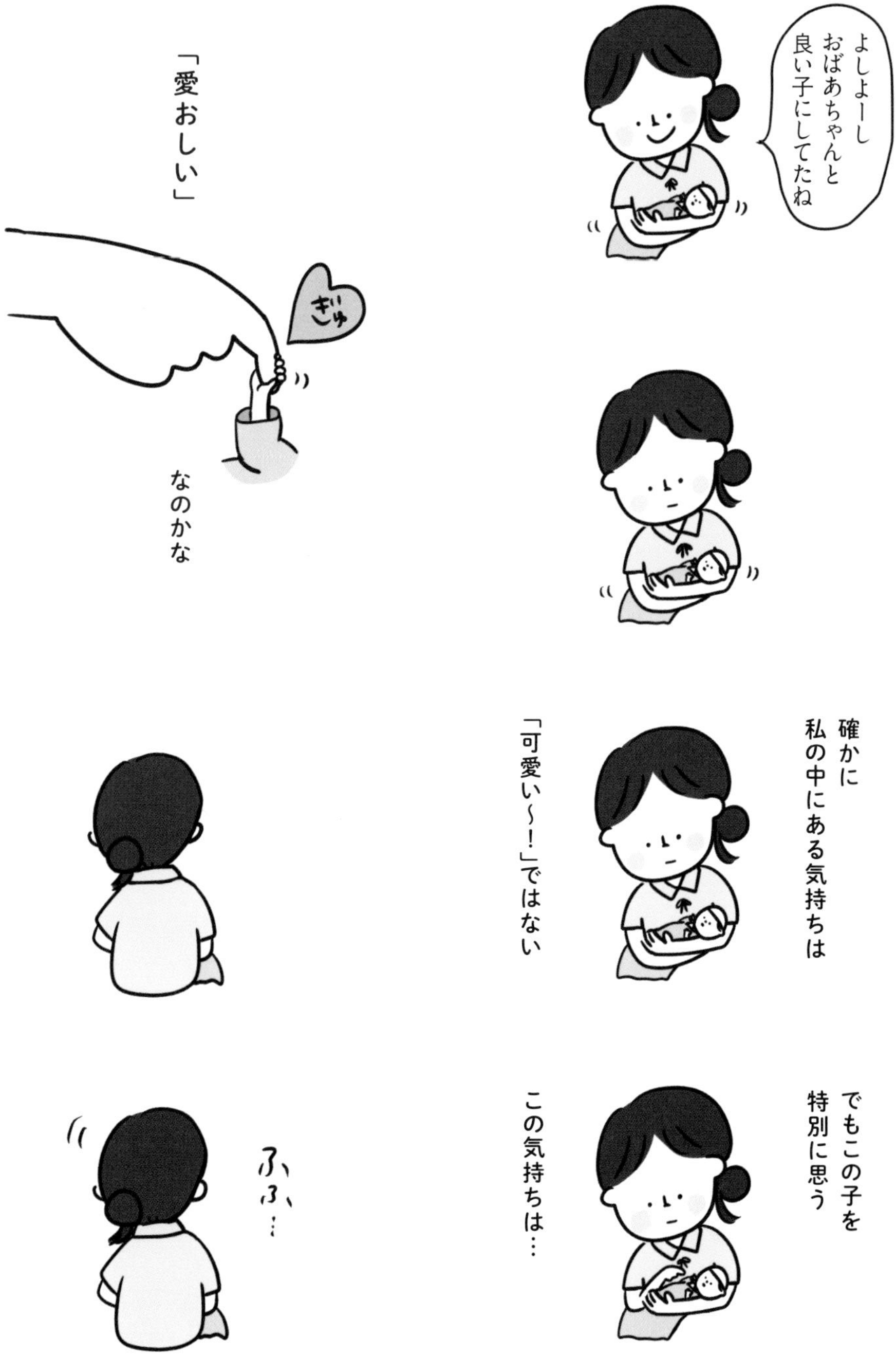

よしよーし
おばあちゃんと
良い子にしてたね
確かに
私の中にある気持ちは
「可愛い～！」ではない
でもこの子を
特別に思う
この気持ちは…
「愛おしい」
ぎゅ
なのかな
ふふ、…

かわいい、のこと

　先ほどのコラムでバスタオルにも愛情マックスだった妊娠中の私ですが、実際に生まれた自分の子供のことを「かわいい」とどうしても思えませんでした。

　本当に意外でした。生まれたばかりの息子を見て「かわいい〜！！！」と言ってくれている両親や友達などに自分の本心を言えるはずもなく、我が子をかわいいと思えないなんて、私は人としておかしいんじゃないか、母親失格なんじゃないかと随分悩みました。


　このマンガを描いて初めて、同じように感じて悩んでいたママが本当にたくさんいることを知りました。悩んでいるのは私だけじゃなかったんだ、と当時の私が救われた思いでした。

　今思うと「この子を生かさなければいけない」という重い役割にいっぱいいっぱいで、かわいいと感じる余裕がなかったんだろうな。

　母親の愛情大爆発のタイミングは人それぞれです。早い人もいれば、遅い人もいます。

　ちなみに私は、子供が生後３カ月を過ぎた頃、急に「かわいいいいい！！！！」って感じはじめました。

第5日

母親は授乳によって
我が子への愛情が深まると
どこかで聞いたことがある

でも今の私は
授乳すればするほど
愛情が欠けていくような
気がする

ああ〜
乳首に血豆が
できちゃって
ますね
おっぱいの
くわえ方が浅いと
なっちゃうんですよ
だからか…
授乳のたび
ものすごく
痛いんです
子供が生まれたら
勝手に可愛くお乳を
飲んでくれると思ってた
本能で
上手にのむよ!
乳首に血豆ができて
泣きながら授乳するなんて
誰も教えてくれなかった
いたた…
これはね〜
たくさんのママたちが
経験することなんですよ〜
一応
薬塗っときますね
お願いします…
授乳のたびに乳首には激痛
そして後陣痛の痛みも増す
座っての授乳は
会陰切開した傷にもひびく
フギャアアァ
フギャアアアァ
そして連日
夜もあまり眠れない
やっと朝…

子供が生まれた瞬間から、普通の日常はどこかに消えていってしまった気がする

ひょっとして
私はもう二度と
平穏な日々を
過ごせない
のかな…
フェ…
フギャアァァ
ァァ
ばっ
よしよし
どうしたの？
フギャァァ
リサ！
ショウジ！
なんかすごく
久しぶりな
気がする
ここんとこ
残業続きで
来れなくて
ゴメン
フギャァァァァ
シオリちゃん
ご機嫌斜めだねぇ
お父さんだよ！
待って
手洗ってから
触って！
あ
そっか

あっ ショウジ君 今日は来れたんだ
あ どうも!
フギャアアア
おっ シオリちゃん 泣いてるね おばあちゃんとこ おいで~
フギャアアアア
お母さんが 抱くとすぐに 泣きやむね
わお
そりゃ お母さん歴 長いもの
新米 ママさんは どう?
もう 身体中痛いし 眠れないしで 大変だよ~
世のお母さん皆が 通る道よ 赤ちゃんなんて あっという間に 大きくなっちゃうから 今だけよ
リサも お母さんに なったんだから 頑張ってね!
「お母さんなんだから」
そう言われると
そうだよね~
もう何も言えなくなる

出産した以上、
もう今までの私でいては
いけないのだろう
お母さん
今までの私
あら
もうあとちょっとで
面会終了時間だわ
じゃあリサ
また来るね
退院の準備とか
あれば教えて！
ああ
うん
分かった！
バタン…
なんか
疲れ
ちゃったな…
え？
すっ
あれ
ショウジも一緒に
帰ったと思った
うん
帰ろうと
思ったんだけどね
……
？
え
どうしたの？
おいで
リサ
ぎゅっ

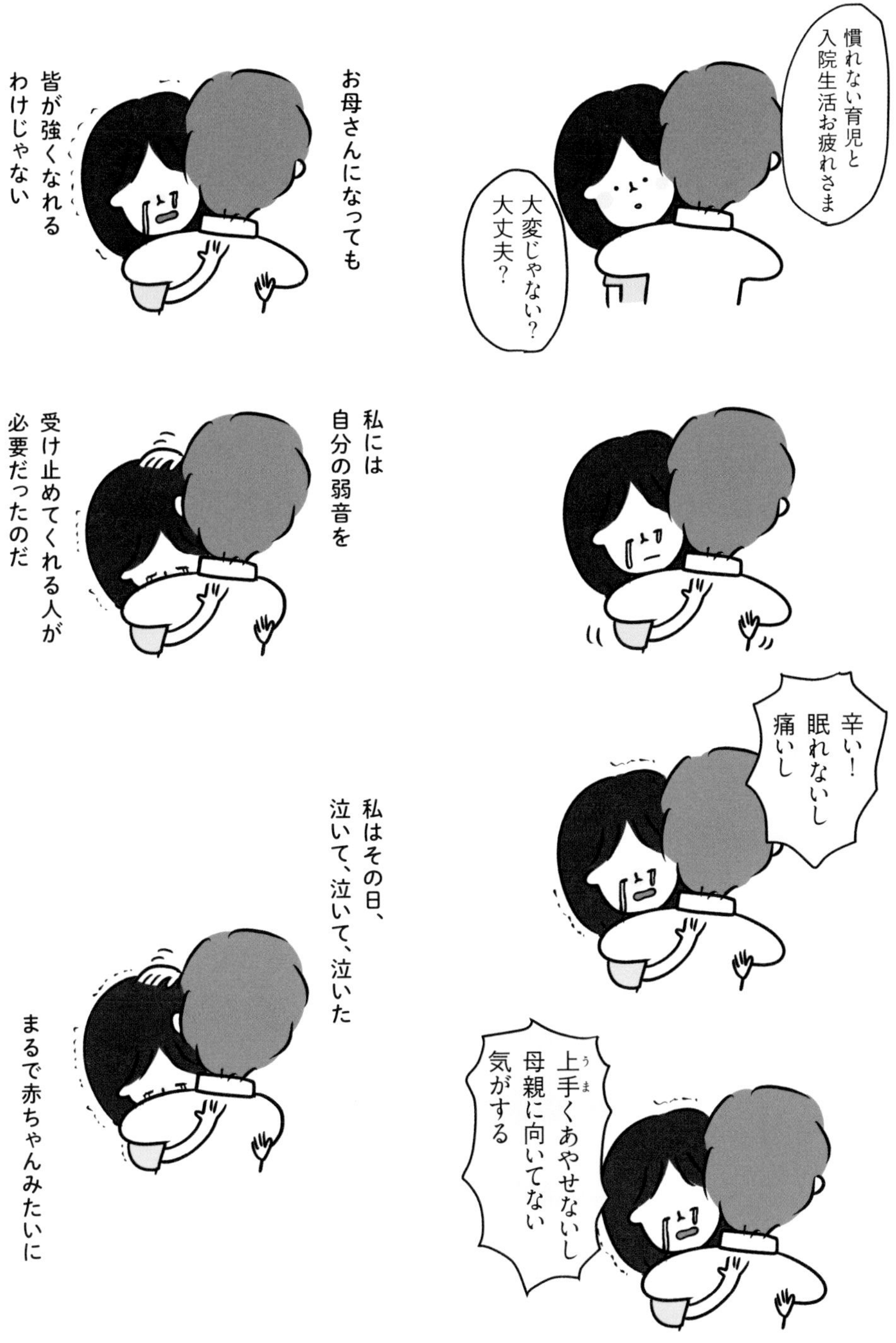
慣れない育児と
入院生活お疲れさま
大変じゃない？
大丈夫？
辛い！
眠れないし
痛いし
上手《うま》くあやせないし
母親に向いてない
気がする
お母さんになっても
皆が強くなれる
わけじゃない
私には
自分の弱音を
受け止めてくれる人が
必要だったのだ
私はその日、
泣いて、泣いて、泣いた
まるで赤ちゃんみたいに

母親なんだから、のこと

「お母さんなんだから」「母親なんだから」という言葉が、こんなにも破壊力を持っているなんて、自分が母親になるまで知りませんでした。

子供が生まれて母親になった途端、急に全てのことのハードルが上がったように感じました。母親なんだから子供のためなら頑張らなきゃ。母親なんだから無償の愛があるはず。母親なんだから子供を最優先にしなきゃ。母親なんだから強くならなきゃ。

誰よりも一番自分がそう思い込んでいた気がします。

母親になった自分は弱音を吐いてはいけないような気がして、たくさんの不安と悩みを自分の中に溜《た》め込んで、いっぱいいっぱいになって、ある日決壊しました。

母親になったからって急に強くなれるわけじゃないです。

母親になっても私は私です。

第６日

約一週間ぶりの外は
夏真っ盛りって感じで

うるさいセミの声と
小学生の笑い声が
響いてた

私が入院してる間も、
世間では
いつも通りの日常が
流れていたんだなぁ

シオリはというと、
「この世界は眩《まぶ》しすぎる」
とでも言うように
きつく目をつむっていた

ブロロロロ…
退院日なのに ショウジ君 休めなくて 大変ねぇ
ひとまず うちでゆっくりして 夕方リサの家に 送ってあげるよ
ブロロロロ…
本当助かる~ お母さん ありがとう
リサお昼に 食べたいものある?
うーん、なんか ガッツリしたもの 食べたい気分
ブロロロロ…
どーん
カツ丼!
もうお母さん ナイスチョイス すぎる~
ぴか
授乳中だから ささみカツに しちゃったけどね 温かいうちに 食べちゃいなさい
わーい
うう… おいしい~ お母さんのカツ丼 めっちゃ好き
そういや リサは昔から 好きだったわね
カラッ
ごちそうさま! ありがとう お母さんも食べて

…ねえ お母さん 育児中って どのタイミングで 自分のご飯食べたり トイレ行ったり 家事したらいいの？
うーん
タイミングなんて ないよ 無理やり時間を 作るしかないって
赤ちゃんなんて 泣くもんなんだし 泣いても気にせず やることやるしか ないからねぇ
え……
泣いても
フギャ〜〜
気にしない…だと？
フギャー
フギャー
フギャー

グサ
グサ
フギャ
フギャ
フギャ
グサ
いやこれ無理だって！
泣かしっぱなしとか
私の精神衛生上にも
悪影響しかないって
無理無理無理無理無理
私もいつか
子供が泣いてても
やること
やれるように
なれるのかなぁ…
ごめんね〜
シオリちゃん
おっぱいとか
オムツとか
大丈夫？
あ、うん
さっき
やった
じゃあ私がシオリちゃん
見ててあげるから
今のうちに休んでなさい
ばあばのとこ
おいで〜
もはや
お母さんが
女神にしか
見えない
よいしょ
…お母さん
なに？

初孫はどう?
やっぱり
可愛いもん?
そりゃ
可愛いわよ
だから
こんなに
お世話して
くれるの?
……それは
半分正解で
半分間違いかな
可愛い孫だけど
私が一番
大事なのは
我が子よ
リサも
母親になったけど
私にとってはずっと
大事な娘だからね
ああ、お母さんって
じわ…
なんでこんなに
お母さんなんだろう
私もいつか
お母さんみたいな母親に
なれるのかな
お母さん
ん?
本当に
ありがとう…
ふふ

母親の存在のこと

このマンガはフィクションですが、リサのお母さんは私の母を思い浮かべて描きました。

1人目を里帰り出産で産んだ私。

産後の心身共にズタボロだった私を助けてくれたのは母でした。

夜泣きでずっと眠れず、気持ちが爆発しそうな時に息子を代わりに見てくれたり、ガチガチに張ったおっぱいをケアしてくれたり、ご飯を作ってくれたり。

こんなに色々してくれるのは、孫が可愛いからなのかなと思い、私は母にリサと同じ質問をしたことがあります。その時、母は笑ってこう言いました。

「可愛い孫だけど、私が一番大事なのは我が子であるあなたよ。知らなかったの？」

そう聞いた時、なんだか泣きそうになりました。

いくつになっても、何があっても、母にとって私は大事な子供なんだと。

同じような気持ちを私も子供に持てたらいいなぁと思っています。

第7日

これから家族三人の生活がはじまる…

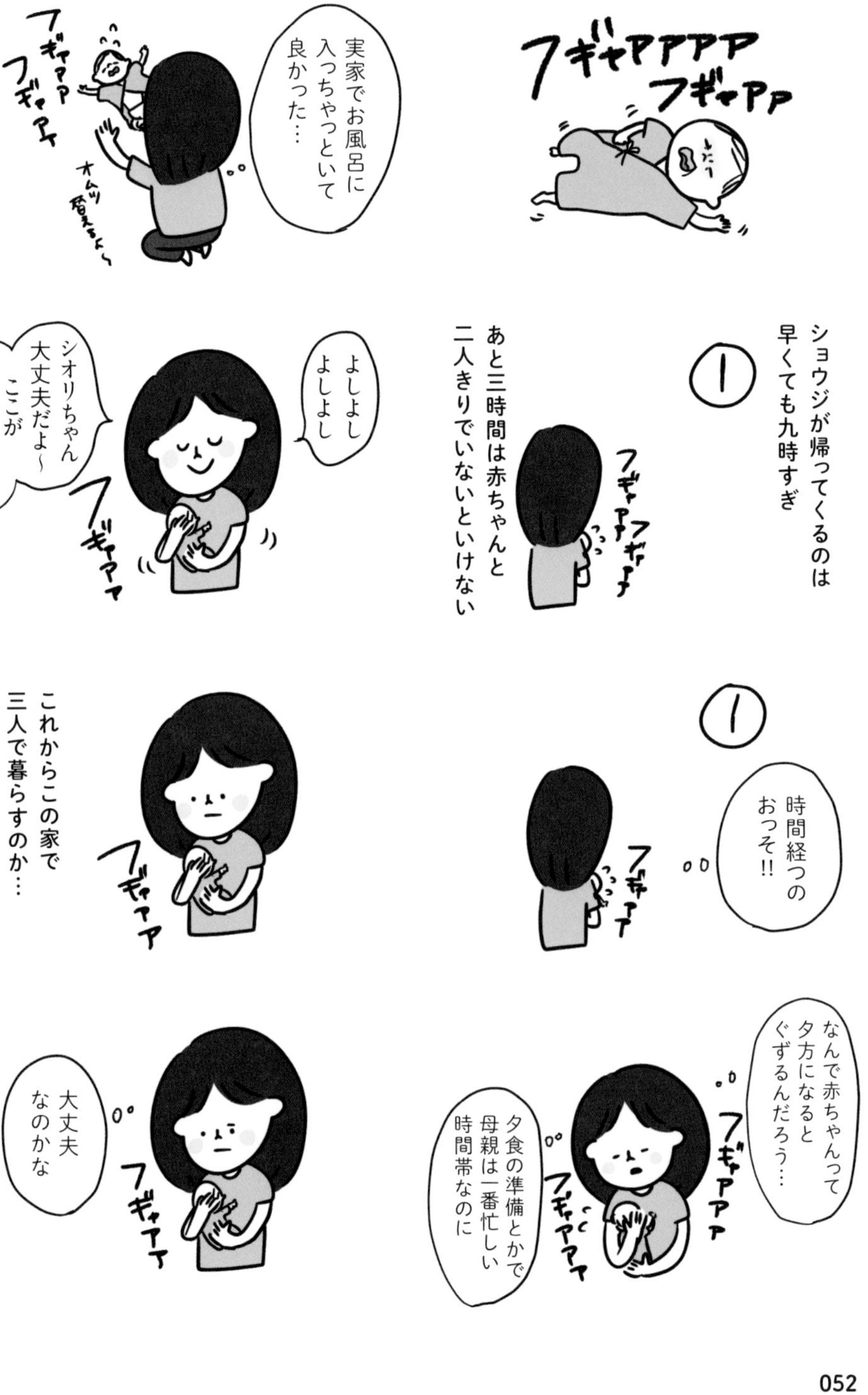
フギャアアアアア
フギャアア
実家でお風呂に入っちゃっといて良かった…
フギャアア
フギャアァ
オムツ替えるよ〜
ショウジが帰ってくるのは早くても九時すぎ
あと三時間は赤ちゃんと二人きりでいないといけない
フギャアア フギャアァ
よしよしよしよし
シオリちゃん大丈夫だよ〜 ここがこれから住むお家だよ
フギャアア
時間経つのおっそ!!
フギャアア
これからこの家で三人で暮らすのか…
フギャアア
なんで赤ちゃんって夕方になるとぐずるんだろう…
夕食の準備とかで母親は一番忙しい時間帯なのに
フギャアア
フギャアアア
大丈夫なのかな
フギャアア

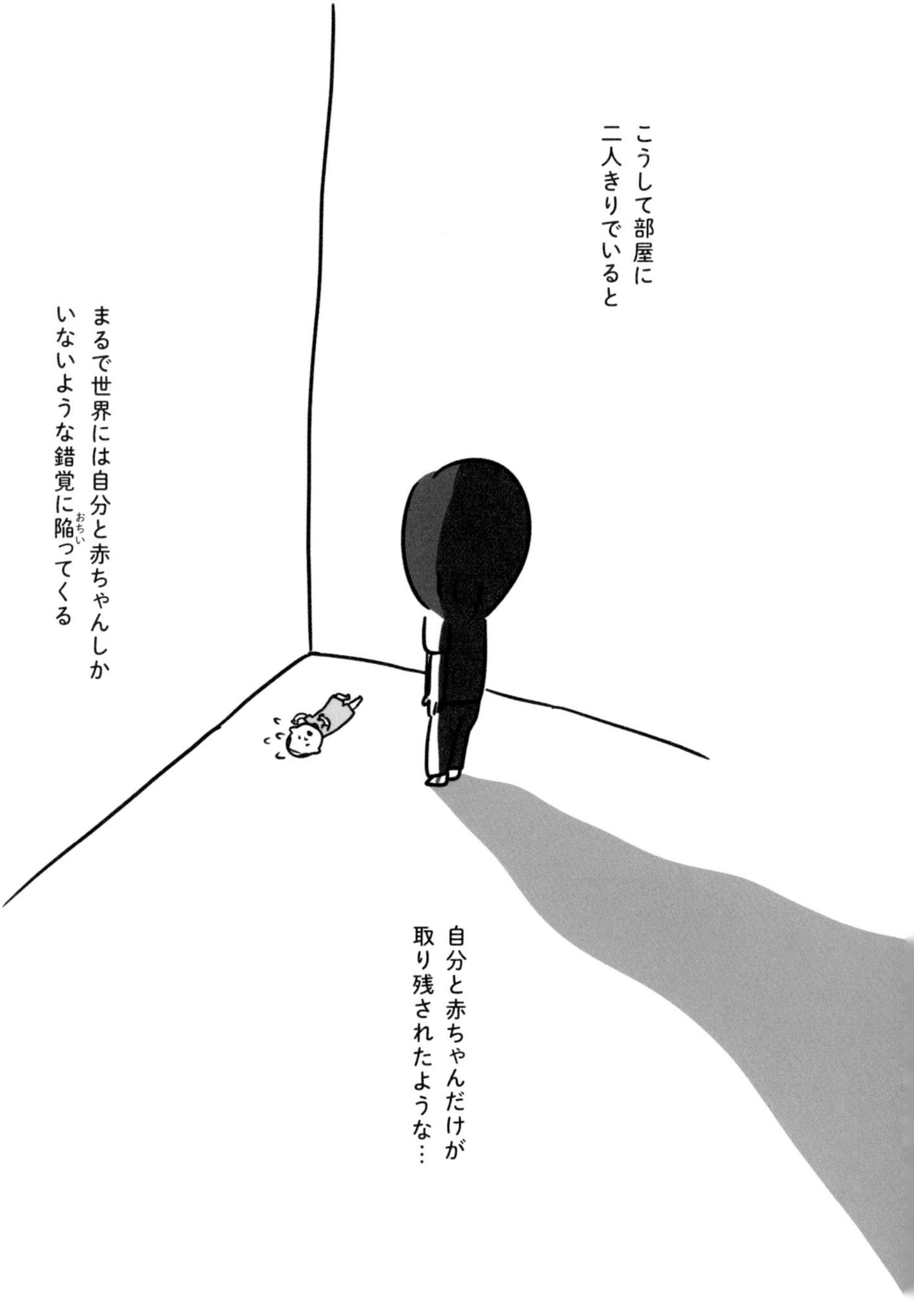
こうして部屋に
二人きりでいると
まるで世界には自分と赤ちゃんしか
いないような錯覚に陥《おちい》ってくる
自分と赤ちゃんだけが
取り残されたような…

ただいまー!!
お父さん
帰ったよ〜
…って
どうした?
ショウジ〜
シオリちゃん
抱いて!
まじトイレ
行きたくて
やばい…
だだだっ
バタン
トイレ行きたいなら
娘をどっかに置いて
行けば良いのに…
「娘を置いて
トイレ行っとけば
良いのに」とか
思われてそう…
ニコ
ニコ
ニコ
どうしたの
そんなに
ニヤニヤして
いや、だって
帰ってきて
家にリサがいるの
久しぶりだから
なんか
嬉しくて
幸せな
男だね〜
これからは
夜眠れないと
思うから
覚悟してね!
大丈夫!
俺も頑張る!
ムキッ
……って

めちゃ寝とるやないかい!
フギャアアア
確かに初めの二回くらいは頑張ってくれた
大丈夫?
フギャアアア
でも三回目以降は娘の泣き声に反応もしない
フギャア
フギャア
新生児は二時間ごとの授乳とか聞くけれど
娘が寝てくれるのはせいぜい一時間くらいだ
もう起きた…

夜中に何度も何度も起きて娘を世話する横で何も気づかず寝ている夫
すかー
仕事で疲れていると分かっていてもちょっとモヤッとする
明日は週末で休みなんだしもうちょっと起きてくれてもいいのに
フギャアアア
あ、はーい よしよし
やっぱり夜は嫌いだ

気づいたら、朝だった

ふと横を見ると
娘と夫が寝ているのが見えた

その時
急に
とても強い感情が
襲ってきた

私にとって
世界で最も大切な二人が

今、私の横にいる

こんなに安心して
私の横で寝ている

なぜか

涙が溢《あふ》れて
止まらなかった

きっとこれからも
たくさん不安で泣くだろう
眠れない夜も続くだろう
思い通りにいかないこと
ばっかりだろう

でも

今、この瞬間

世界中で私より
幸せな人は
きっといないと思う

2

父、はじまる

早川ショウジ二十七歳

俺は父になるっぽいです

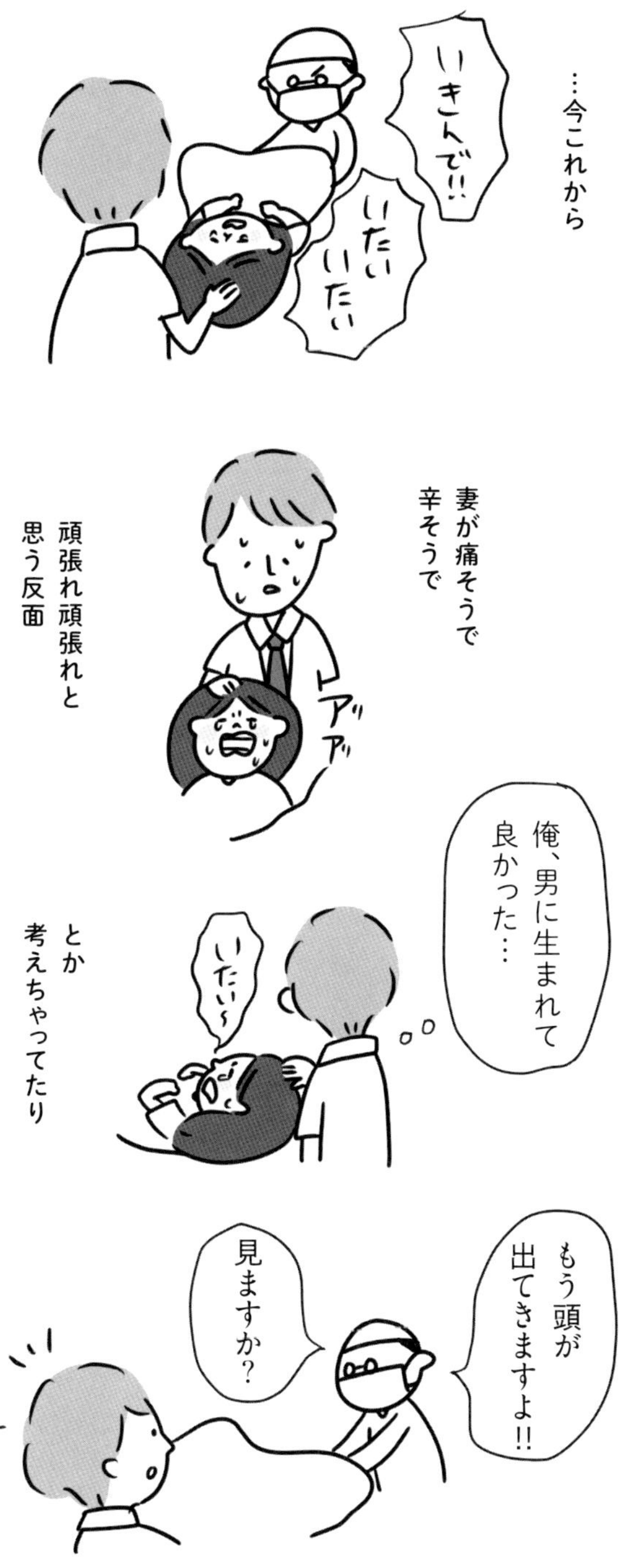
…今これから
いきんで!!
いたい いたい
妻が痛そうで辛そうで
頑張れ頑張れと思う反面
ア゛ア゛
俺、男に生まれて良かった…
とか考えちゃってたり
いたい~
もう頭が出てきますよ!!
見ますか?
えっ…

これは、父親になった俺の物語

わあ〜
手!!
ちっちゃ!!
足!!
ちっちゃ!!
顔!!
なんかウケる!!
老人みたい
あっあくびしてる
ふあ〜ん
可愛い!!
可愛い…けど
自分の子って実感ないなー
ショウジ君お父さんになったね〜
お義母《かあ》さんお義父《とう》さん!
立ち合いしてどうだった?
リサ頑張ってました

やっほー
このまま病室に移動しますね
赤ちゃんも連れて行きますよ
ほくほく
ショウジ君娘を抱っこした?
いえ、まだです
あら、じゃあ抱っこしなきゃ
頭を支えてやさしく抱くのよ
そうそう…
わあ…
軽い…
けど重い…
これが
命の重さか…
フギャアアァァ
えー、なんで泣くの!?

リサ、はい
フギャアアアアア
えーー
泣いてから
渡すの?
いや、今まで
十カ月一緒にいたし
やっぱ
お母さんが
良いかなって
フギャアアアアア
待って
おばあちゃんにも
抱かせて~
わいわい
ガヤガヤ
あ、そろそろ
面会時間
終わりよ
ショウジ君
またねー
ブロロロロ
ふあ〜
ふふっ

出産立ち合いのこと

我が家では１人目の時は里帰り出産、２人目の時は夫の立ち合いのもと出産しました。

もともと１人目の時も立ち合い出産の予定だったのですが、予定日の10日前の夜中の陣痛から５時間で出産だったので、始発で大阪から埼玉に行こうと思っていた夫は新大阪駅で出産の知らせを受けました。「安産だった」「すごく順調なお産だった」という話を聞いて夫はずっと「むぴーのお産は楽だったんだ」と思っていたようです。

そして迎えた２人目の立ち合い出産。

陣痛から出産までを真横で見て、夫の感想は一言。

「すっごく痛そうだった」

今回ショウジ編を描くにあたり「他に何か立ち合って感じたことある？」と聞くと「ちょっと２年前のことはあんまり覚えてない」とのこと。

「感動した」「妻に感謝」みたいなこと言ってくれてもいいのになあ……笑。

父親って…

人はいつ親になるんだろう

妊娠が分かった時？

エコー写真を見た時？

胎動《たいどう》を感じた時？

初めて赤ちゃんを抱いた時？

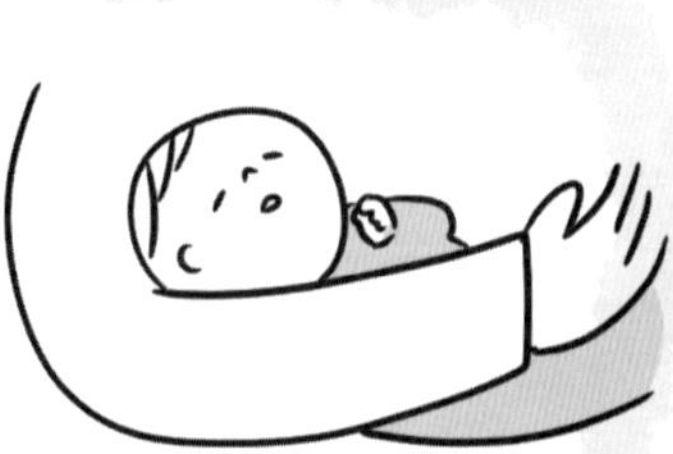

オムツ替えした時？

お風呂に入れた時？

ミルクをあげた時？

それとも…

寝ている子供の顔を見ると疲れが吹き飛ぶ
…っていうのはウソだと思う
確かに可愛いけど疲れは取れない
ぱち
あ…起きた?
おはようシオリン
え…待って待って泣かないでお父さんだよ
いないいないなーい

ばあ
びえええん
なんだこの
父になりきれてない感じ
「父を演じてる」って感じ
びえ〜ん
ほらー
抱っこしてあげるよ
フギャアアアア
泣きやまん
フギャー
あー
シオリちゃん泣いてる?
えー
もう
起きちゃったの?
私が抱くわ
よしよーし
シオリちゃんどうした〜
フギャ

怖い夢でも見た?
大丈夫だよー
子供をあやす妻を見るのが好きだ
すごく愛おしそうで幸せそうで
シオリちゃんは良い子だねー
ねんねしようねー
落ち着いた
さすがリサ
もしかするとオムツかも
よろしく
でもたまに自分が置いていかれているような気分になる
リサはもう母って感じだけど
俺は…?

妊娠して十カ月という
長い時間を一緒に
過ごして

痛い思いをして
出産して

おっぱいという
最終兵器を
持つリサ

対して俺は
何も経験
しないまま

急に子供が
降ってきた感じ

はい、あなたは
今から父親です!!
と言われても

全然実感が
湧かない

多分、父親と母親は
もともと
スタートラインが違う

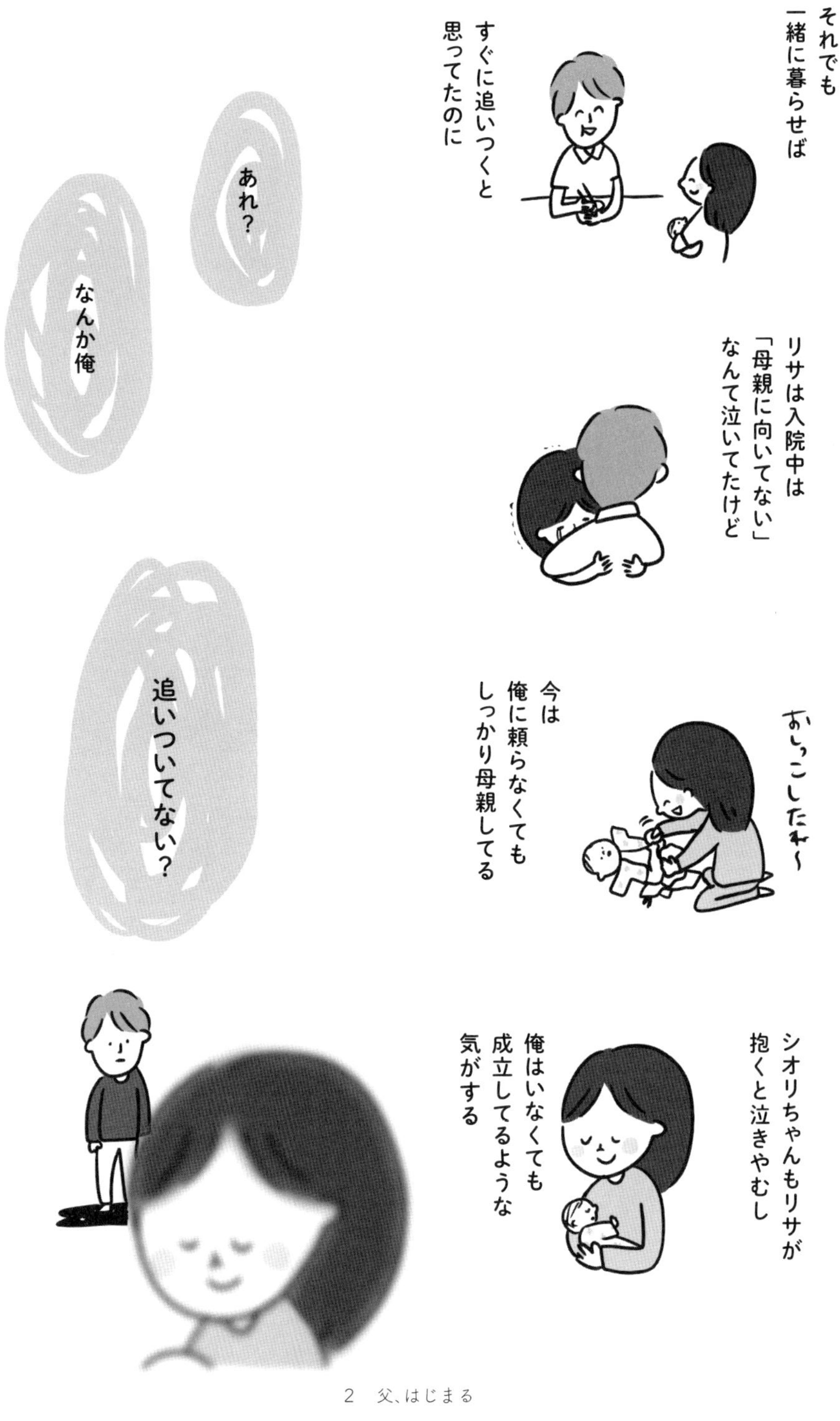
それでも
一緒に暮らせば
すぐに追いつくと
思ってたのに
リサは入院中は
「母親に向いてない」
なんて泣いてたけど
おしっこしたね〜
今は
俺に頼らなくても
しっかり母親してる
シオリちゃんも
抱くと泣きやむし
リサが
俺はいなくても
成立してるような
気がする
あれ？
なんか俺
追いついてない？

ふわ〜
眠たい
無理しないで
シオリと寝ちゃえば？
と言うくらいが
俺のできること
そうするね
おやすみ
おやすみー
でもきっと無理する前に
頼ってくれるよな
プシ
ってことは別に
無理もしてないのかな？
頼られもしないし
今まで通りの生活
してて良いのかな？
ゴクッ
飲み会にも
誘われたし
久しぶりに
行こうかな…

ガララ
二人とも寝てる…
リサもシオリも
可愛いなぁ
こういう時
カシャ
幸せだなと思う
これ待ち受けにしよう
父親って
お疲れさま
そんなものなのかな

夫の子育てのこと

ショウジ編を描くにあたり、改めて夫や他の父親の話を聞く機会がありました。出産直後はいっぱいいっぱいで、夫に対して「なんで〜！」と感じることもありましたが、今思うと、お互いの気持ちがズレていたのかなぁとも思います。

里帰り出産後の３人暮らし。夫はおむつ替えや沐浴などをしてくれましたが、基本的に息子は私にベッタリで、当時、夫の目には私が育児のプロフェッショナルとうつっていたようです。

母親だけでも十分やっていけるんじゃないか。

自分（父親）にできることはそんなにないんじゃないか。

確かに、子供と過ごす時間が少ない夫は、慣れないことやできないことが多かったかもしれません。でも私だって、ただの新米お母さん。できないながらに「でも私がやるしかない！」となんとかこなしている状態でした。私だけじゃ無理だからと、もっと早く夫に頼ってたら、もっと早く夫と向き合ってたら良かったのかな、と今は思います。

ちなみに我が家の場合、２人目を妊娠してから急激に夫の育児参加が増えました。私が予定日２カ月前から絶対安静になったことも大きかったかな。その時に夫が息子の寝かしつけやら遊びやらをするようになり、今では私よりお父さんのほうが人気者です。

きっと、「母親だから」「父親だから」ではなく、どれだけ子供と向き合ったかが、人を「親」にするんじゃないかと思います。

［番外編］
じいじの思い出

あら
何見てるの?
アルバム
だよ
あ〜シオリちゃんが
生まれた時の?
懐かしい〜
あの泣き虫の
リサが母親か
そうよ
そして
私たちは
ジジババに
ははは
ピンポーン
おっ
来た
おじゃましまーす
いらっしゃーい

ほら見て
わー座れるようになったの?
へろへろ
長くはもたないけど
最終的にこうなる
どーん
じいじどう?
可愛い?
可愛いっていうより
懐かしい

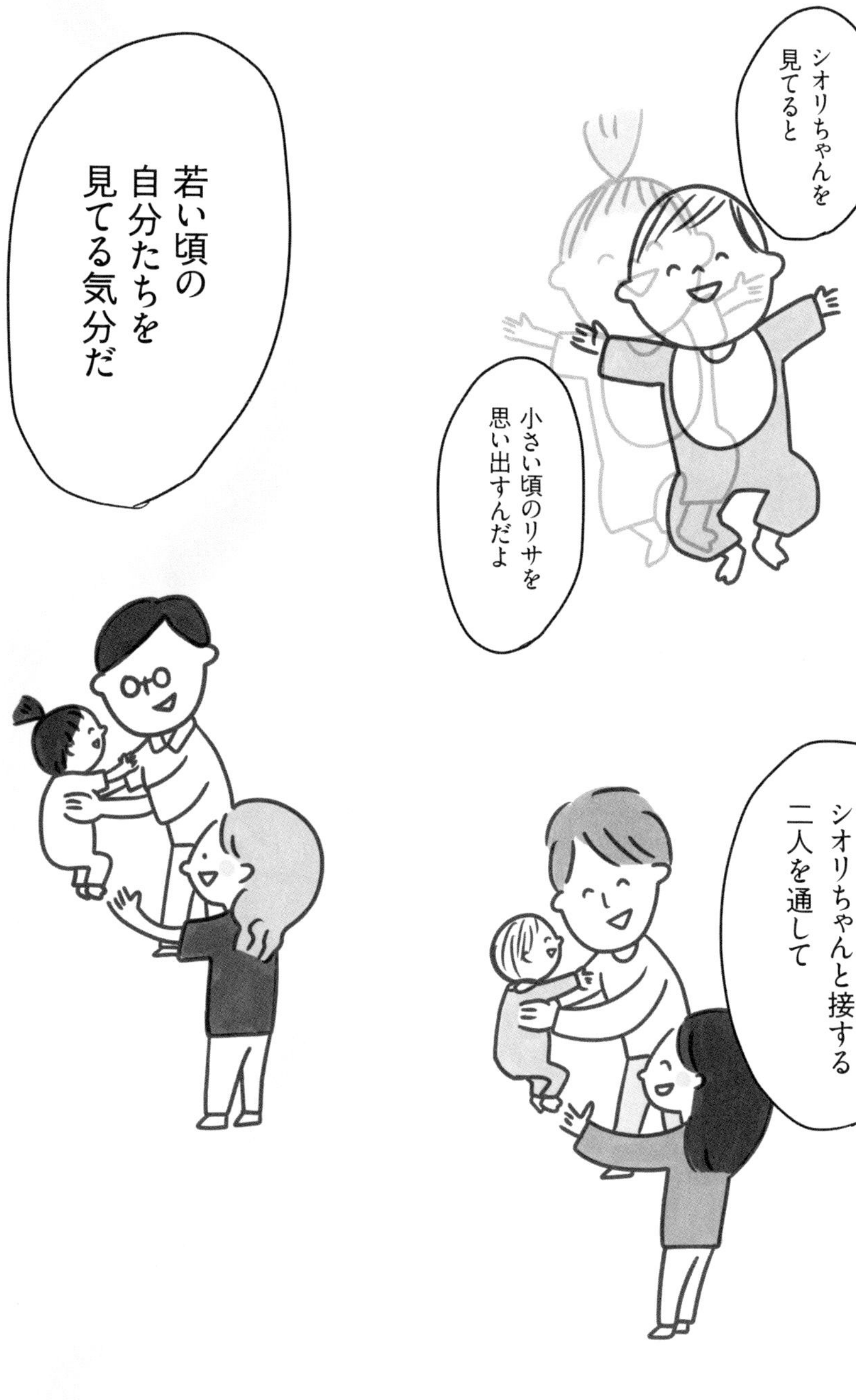
シオリちゃんを見てると
小さい頃のリサを思い出すんだよ
シオリちゃんと接する二人を通して
若い頃の自分たちを見てる気分だ

シオリちゃんの中にね
見たことないものは
見たことあるものと見たことないものがあって
見たことあるものは私たち夫婦から
リサを通してシオリちゃんに受け継がれたもので
ショウジ君とリサが新たに刻み込んだものなのかなって

多分そういうものの
積み重ねで

人ができていくんじゃないかと
思うよ

じいじの思い出のこと

私の父に「孫ができてどう？」と尋ねたことがあります。

昔から体が弱いうえに結婚も遅かった父は、まさか自分が孫を抱けるとは思っていなかったそうで、しみじみと感じていることを語ってくれました。

「この歳でまた小さい子と接することができるのが嬉しい。

可愛いというより、慈《いつく》しみの気持ちが強い。

孫の行動全てが小さい頃のお前に重なるし、大きくなったお前に小さかった頃のお前が重なる。

自分たちが子供にしてきたことを子供が孫にしている。

それは小さな受け継ぎだと思う」

まさか父がそんなに深いことを考えていたとは思わず、驚きました。

でも２人目を育てている今、父の言っていることが少し分かる気がしています。

3

母になれて良かった

そんなこんなではじまった
家族三人暮らし
ショウジ
わたし
シオリ
朝ショウジを
見送る
いってきます
この授乳が
終わったら
洗濯物して
部屋そうじして
ご飯作って…
…あれ？
ちょっと待って
なんかもう
夜になってる…？
今日何したっけ…？
シオリの
世話してただけで
一日終わった…？
っていうか
私まだ
パジャマのままじゃん
私今日何食べた…？
ふりかけご飯…
あれは
朝ご飯だっけ
昼ご飯だっけ
夜ご飯
どうしよう…

ショウジはよくこう言う
無理しないで シオリが寝たら 一緒にリサも寝てね
多分あれは 一〇〇パーセント 善意の言葉だ
でもそれって ものすごく
難易度が高い ことだと分かってない
子供が寝るのは 十中八九、私の腕の中 なんだよ!!
そして 置くと起きるんだよ!!
ギリ….
シオリを置くのに 失敗するたびに
失敗
寝かしつけを やり直すことになったり
変な体勢のまま 数十分耐えることに なったりを
動けない!!
くり返すうち
もう置くの あきらめて ずっと抱いとこう!!
ってなって
もう二時間に なるよ… おしりが死ぬ…
なぜこういう時に 限ってよく寝るの…?!
結局眠れない

フギャ~
今度はどうした~
フギャー
おっぱいでもない
オムツでもないならなんで泣くのー?
フギャ
ほらゆーらゆら
楽しいよー
フギャ
じゃあ縦ゆれは?
フギャ
ゆら~
ピタッ
泣きやんだ!!
このゆれか!!
こうやってゆっくりゆらして
ほしかったんだねーー
…それでもう腕が死んでて
確かにこの動きキツイわ
筋トレみたい

シオリちゃん可愛いなー
よしよーし
なんかぎごちない抱き方だなぁ
あっ泣き出した
フギャ
リサパス!!
フギャ
えっえっ
ほらよーしよし
泣きやんだ! やっぱりお母さんが良いんだな～
フギャ
あ 起きた
シュバッ
あ、今度飲み会行ってもいい?
えー
フギャ
頑張れお母さん!!
シュバッ

フギャ
シオリちゃんおっぱいおいしい？
いっぱい飲んでね〜
……
ひたすらお世話しても話しかけても
シオリちゃんからは何も反応がない
目が合ってるのかも分からない

もう三カ月も経つのに何をしても私の一方通行だ
チラ
いーなー一人ぐっすり眠れて…
ショウジも手伝ってくれればいいのに
入院中だったら夜中どこからか泣き声が聞こえて
「あ、仲間がいる」って心強かったな…
あの時はいつでも看護師さんに助けてもらえたけど
今この小さな命は私にゆだねられてる

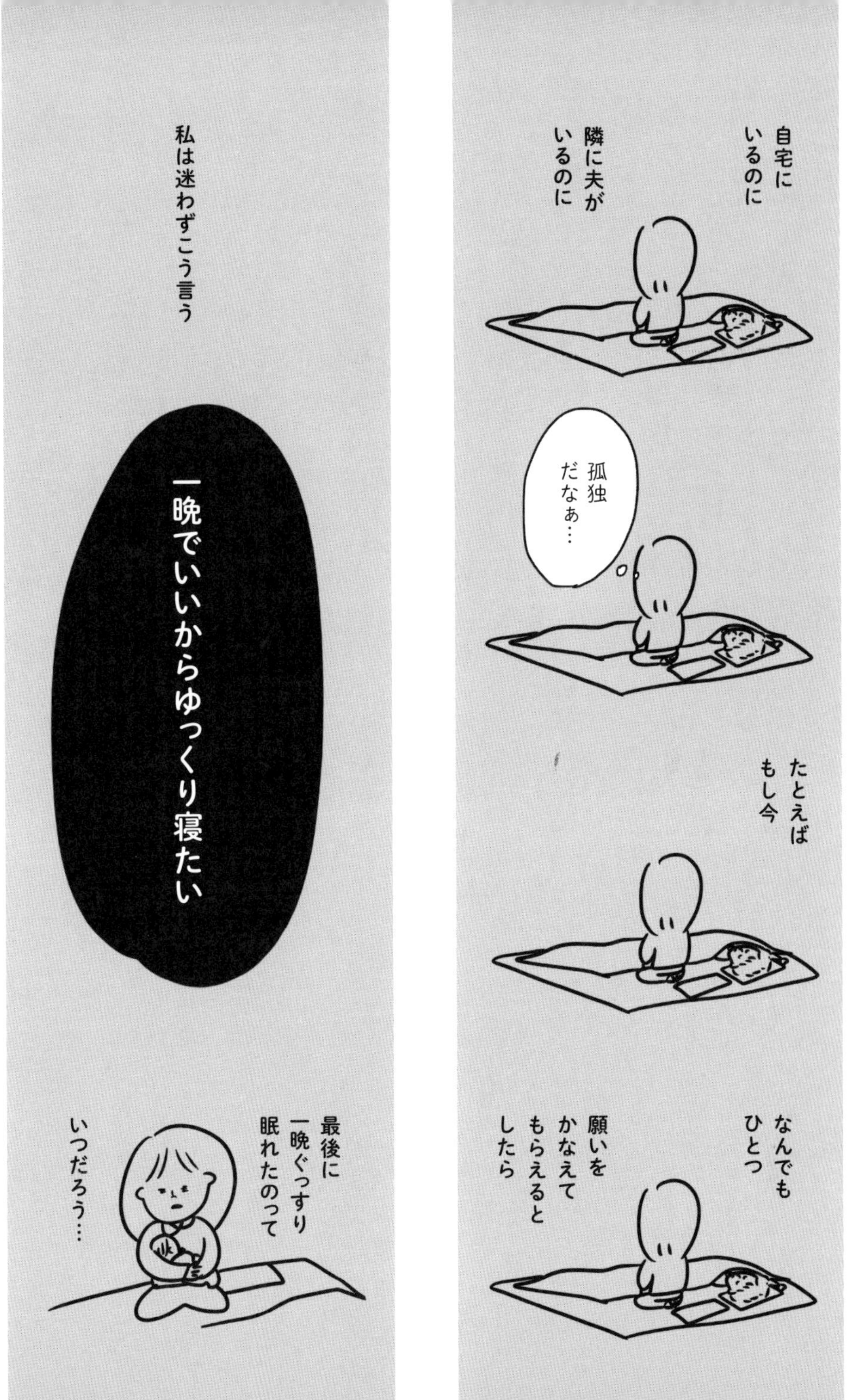
自宅にいるのに
隣に夫がいるのに
孤独だなぁ…
たとえばもし今
なんでもひとつ
願いをかなえてもらえるとしたら
私は迷わずこう言う
一晩でいいからゆっくり寝たい
最後に一晩ぐっすり眠れたのって
いつだろう…

妊娠中から
夜中に何度も起きてたし
もう半年以上
ちゃんと寝てないんだ
こんなに寝不足続きでも
明日はまた起きて
一日中シオリのご機嫌を
とらないといけない
家のことも全部
こなさないといけない
はーーー
やっと寝た…
あとはゲップ
させたら眠れる…
トントン

ゲボ
わ!!
吐いた!!
わ～シオリも
私もびしゃびしゃ!!
ほら
着替えるよー
フギャ
フギャ
フ…
私も着替えなきゃ
泣かないで
フギャ～
フギャ～

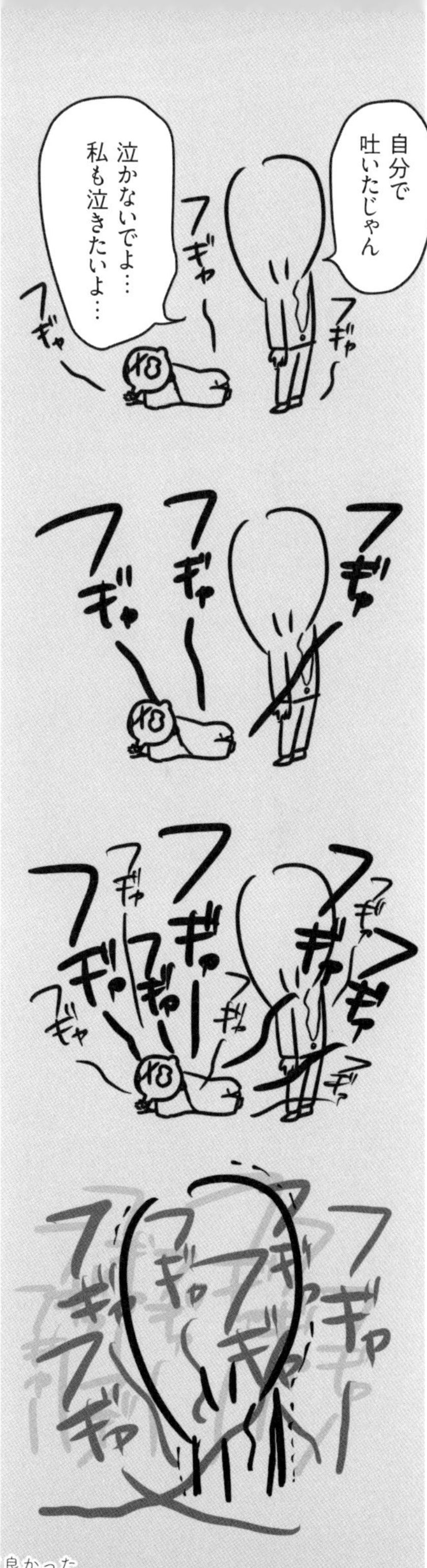
自分で吐いたじゃん
泣かないでよ…
私も泣きたいよ…
フギャ〜
フギャ
フギャ
フギャ〜
フギャ〜
フギャ
フギャ

ほあんリサ大丈夫?
フギャ〜
シオリちゃんどうした〜?
フギャ
ガラガラ…
バタン
フギャ〜
フギャ
フギャ〜
フギャ

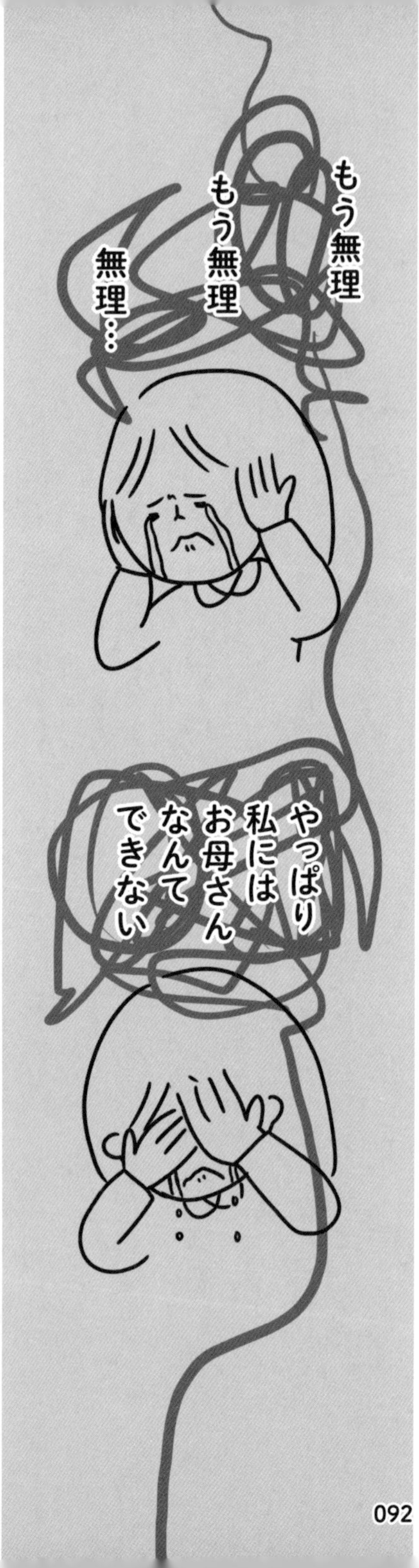
もう無理
もう無理
無理…
やっぱり
私には
お母さん
なんて
できない

もう
頑張れない

もう無理…

フギャー
フギャ
リサ大丈夫?
フギャー
ショウジ…
フギャ
…もう限界
フギャァ

私もっと眠りたい
私だってゆっくりしたい
シオリを見るのが辛い
しんどい

……
フギャアア
アアア
今日はリサ寝たら良いよ
フギャ
でも泣くじゃん
ショウジじゃシオリちゃん泣くじゃん
フギャ
泣いても良いよ
俺が見とくからリサは休んで
フギャ
ね？

すっごく泣くよ？ショウジできるの？
できるよ！
フギャ〜
…大変だよ？
本当に良いの？
うん
フギャ
オムツはあっち
冷蔵庫に搾乳入ってるから
分かった
フギャ
…大丈夫？
…やっぱり一回抱こうか？
大丈夫だって
フギャ

後ろ髪を
ひかれつつも
私は
布団に入った

シオリちゃんの
泣き声が聞こえる

胸がちくりとする

ごめんね
ごめんね
ごめんね

でも私も
限界なんだ

私は
ひさしぶりに
ぐっすり眠った

すごい…
こんなにさわやかな朝は久しぶり…
チチチ
リビングに行くと
夫が白目で寝ていた
ショウジ
大丈夫？
……
…キツイ
正直ナメてたわ
思った百倍しんどい…
寝ないし…寝てても置くと泣くし
一晩中抱っこしてゆらゆらして
やっと寝たと思ったらウンチして泣いて…
…超眠い
今日
仕事できる気がしないわ

だっ
でもよく分かった
これを一人で毎日やってるリサは本当すごいよ
すっごく尊敬する
俺なら絶対できない
…ちがうよ
私もいっぱいいっぱいだよ
でも
誰かがやらないとシオリは死んじゃうもん
正直いつも思ってたよ二人の子なのになんでショウジだけぐっすり寝てるんだろって
なんで私だけやってるんだろって
えっそうなの?
俺はてっきり…
リサが退院してきた夜に
ガサゴソ
フギャ
授乳…?

大丈夫？
手伝うことある？
あ
今は
おっぱいで
落ち着いた
から大丈夫
…そう
二時間後
フギャァァ
フギャァァ
代わる？
ムニャ…
フギャァ…

あ～…
まだ
いいや
そう…
ん…待って
これ
俺起きる
必要ある？
起きても何も
することないなら
起きなくて
良くないか？

って
思ってて…
それは
ショウジに気を遣《つか》って
まずは母親の私が
頑張ったほうが
良いのかなって
いきなりショウジに
赤ちゃんの世話は
できないかなとか
なんかすごく
頼りづらくて…
無理して
頑張ってたの
えっ
確かにリサみたいには
できないけど…
フギャ
あ、起き
ちゃった
はい
リサ…
じゃなくて
俺があやすね
フギャ
…あの
筋トレ抱き
やってみて
こうだっけ?
ピタッ
あっ…
すごい

そうなの？
…分かった
じっ……
シオリちゃんが この抱き方好きなのって
親の顔がよく 見えるからじゃない？
俺たちのこと 見たかったんだよ
きっと
私 ずっとね

子供ができたら素敵なお母さんに変身できるって信じてたの
でもそうじゃなかった
私は私のままだった
足りないこと
ばっかりだった
シオリの瞳に
私が映ってる
ずっと
私のこと
見てたん
だね

だけど

それでもいいんだね

頼りなくても

完璧じゃなくても

あなたにとって私は

ちゃんとお母さんなんだね

ねえ
シオリちゃん

私、母になれて良かった

1年後の自分への手紙を書いてみよう

20年後の子供に手紙を書いてみよう

年　　月　　日　名前：

自分の言葉で書いておこう

今、子供について
どう思ってる？

伴侶の好きな所を
書き出してみよう

お金と時間があったら
やりたいことを書き出してみよう

『母がはじまった』ができるまで

お母さん自身を描いたマンガ

今、すごくたくさんの育児マンガが世に出ています。

しかし、そのマンガの多くはうちの子こんな面白いことしたよ!とか、うちではこうやって育児してるよ!とか、育児あるあるネタや育児指南の内容が多く、このマンガを描いた二年前は、お母さんそのものに焦点を当てたものってそこまで多くない気がしてました。

また、出産の経験についてのマンガはたくさんあるんですが、出産直後の入院生活についてのマンガって本当に少ない。

あったとしても、あまり詳しく書かれていない……（私の個人的見解ですが）。

私にとって産後の一週間は、本当に母親として大変な時期でした。

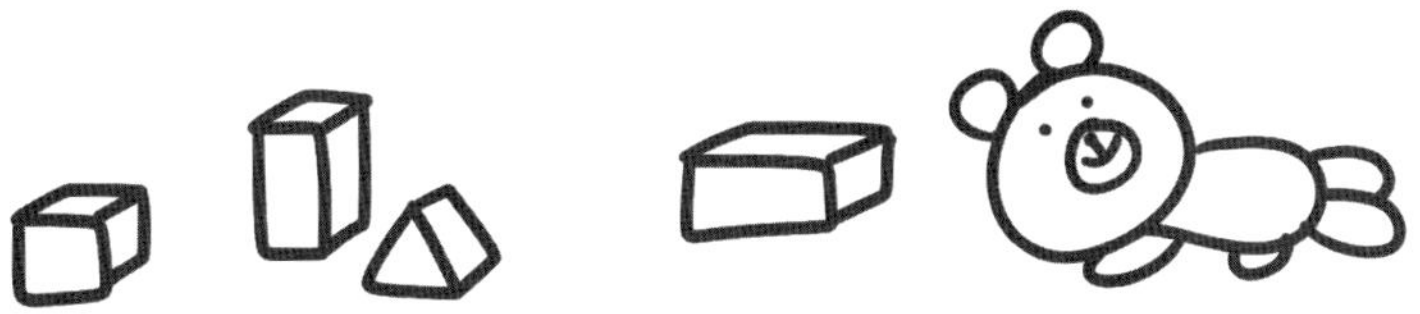

待望の赤ちゃんが来てくれたにもかかわらず、思うように母親ができない。
体力、精神力ともに削《けず》られ、退院後の生活が不安でたまらない……。
何よりも、思い描いていた理想の母親像と実際の自分とのギャップに打ちのめされました。

赤ちゃんを可愛く思えない。
赤ちゃんと離れるとホッとする自分がいる。
母親の自分よりも助産師や実母のほうが赤ちゃんを泣きやませるのが上手。
夜になって赤ちゃんと二人きりで過ごすのが怖い。

……でもこういう弱音って、他の人にすごく言いにくかったりします。

母親とは無条件に子供を愛するもの。
出産は本当に幸せなこと。
育児は大変だけれども、母親皆がやっていること。

確かにその通りです。
だからこそ、こんな風に考えてしまう自分は母親失格なのでは……という不安がいつも

ありました。

実際には、私は助産師さんに「あなた初産《ういざん》なのに経産婦並みに落ち着いてるわね！」と言われるくらい、傍目《はため》には問題なく育児しているように見えていたようです。

でも実際は、何度も何度も泣きました。
不安や焦《あせ》りやいろいろいっぱいいっぱいになって、本当によく泣きました。

育児の大変さをネタにできるようになったのは、もう少し後のことです。
今では息子が何をしても「あはは、アホやな。可愛いやつやな」と思えるようになりましたし、息子が可愛すぎてチュッチュチュッチュしたくて仕方ない親バカになりました。
息子が泣いていても「あらー、悲しいね〜」と動じずに対処できますし、どこで手を抜けばいいのか、加減も分かってきました。

でも、出産直後の母親は、まだそれができません。
周りの先輩ママが当たり前にできることや、動じずにいられることでも、新米ママはそれができません。

当たり前ですよね。前日までは母親じゃなかったんですから！

出産直後の母親のマンガを描くことで、こんな風に思ってしまうのは自分だけじゃなく、みんなこう感じながら母親になったんだよ。弱音を吐いてもいいよ、それは当たり前のことだよ。と、今現在眠れない長い夜を過ごしているお母さんの助けになればいいなという思いで描いたのが、この本に収録されている「母、はじまる」です。

四年前、夜中の病室で泣いていた私が感じていたいろんな気持ちを、このマンガに入れたつもりです。

描くのが大変だった夫の気持ち

なぜフィクションマンガにしたのか。簡潔に言うと、私の体験をノンフィクションで描くとなると、ものすごく長いマンガになってしまうと思ったからです。

産後間もないママの気持ちを暗くなりすぎず、明るくなりすぎず、表現するのに一番良いと思った環境をリサちゃんに用意しました。

書籍化にあたり、ショウジ編を描くのが一番大変でした。お手本みたいな良い夫を描いても共感できないですし、かと言ってよくあるダメ夫マンガにもしたくない……と、担当さんと何度も何度もやり取りを重ね、私の手元にはボツになった原稿がたくさんあります。

私は完全に妻目線なので、どうしてもショウジを理想の夫にしたくなってしまい、「これじゃショウジ君がいい人すぎますよ！」と何度もダメ出しされました（笑）。

この本の中では、ショウジが育児のしんどさに気づいた所で終わっていますが、リサがゆっくり母親になるように、ショウジもゆっくり父親になってほしいなと思います。

母のモノローグ

リサ《あなた》は小さい頃から

よく泣く子だった

生後二カ月で早くも
人見知りがはじまり、

三歳くらいまでは
母親にべったりだった

嬉しい時も
悲しい時も

いっつも私の所に
やってきた

自分の時間なんてなかった

ゆっくりできる
時間なんてなかった

ゆっくり眠れる
ことなんてなかった

そんな生活が
ずっと続くんだと
思っていた

娘が泣いても
気にならなくなったのは
いつからだろう

ゆっくりトイレに
行けるようになったのは
いつからだろう

温かいご飯が食べられる
ようになったのは
いつからだろう

夜中に蹴《け》られなく
なったのは
いつからだろう

手をつながなくても
勝手にどこかに行かなく
なったのはいつからだろう

家が汚れなくなったのは
いつからだろう

夜ぐっすり眠れるように
なったのはいつからだろう

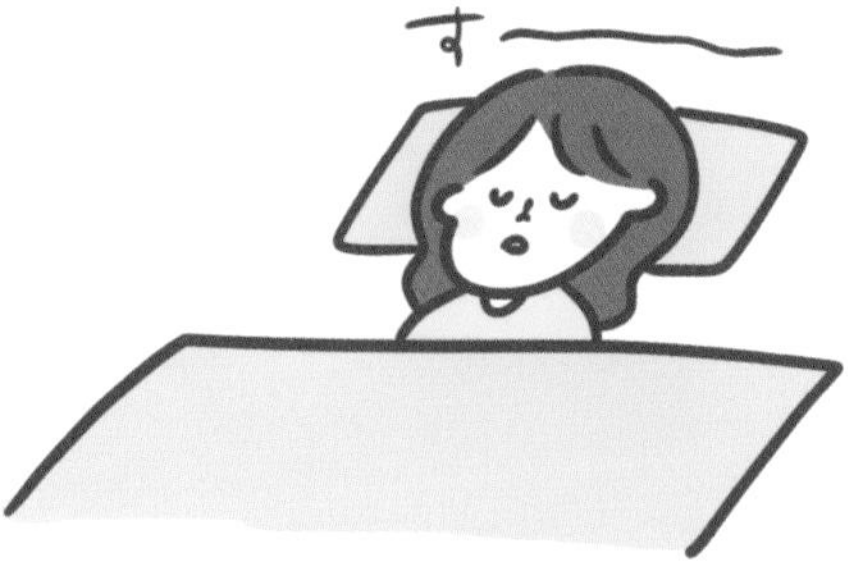

そして

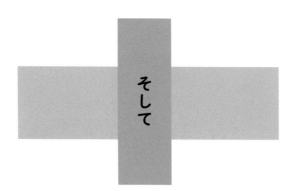

お母さんお母さんと
私の所に来てくれなく
なったのは
いつからだろう

本当に辛い時
私じゃない人に
頼るようになったのは
いつからだろう

あなたは母になったけれど

私にとっては大事な娘のまま

ずっと続くと思っていた時間が
実は永遠じゃなかったことに
あなたもそのうち気づくでしょう

その時、大変だったあの日々が
急に特別な輝かしい日々に思えるでしょう

お母さんは、大変

でも、お母さんは、最高

あなたがいつも
私のそばに
いてくれた日々は
私にとって
宝物なのです

おわりに

母親になったら、無償の愛が天から降ってくるんだと思ってたんですよ。
きっと生まれた子供を見た瞬間に私はその子への愛で満たされるんだろうって。

多分そういう人もいるんだと思います。

でも、私の場合は全然そうじゃなかった。
そんな劇的で感動的なことは起こりませんでした。

子供が生まれた時から、私の生活は一変しました。
非日常に放り込まれ、今までと違う世界で、
今までと違う役割を演じているような気分でした。

あれから四年経ち、当時の非日常は私の日常になりました。

私はいつの間にか、
自分のことを違和感なく「お母さん」と呼ぶようになりました。

ただ寝っ転がっていることしかできなかったあの弱々しい生き物は、
今では四倍以上の重さになり、家中を走り回っています。
器用にハサミやノリを使いこなし、私の似顔絵を描いてくれます。
自分でご飯を食べるし、自分でトイレに行って用を足します。
たった四年で、あの小さい小さい何もできなかった赤ちゃんは、
こんなにたくさんのことができるようになりました。

当時は永遠に続くと思っていたあの日々は、
思い返すと本当にあっという間だったような気がします。

少しずつ少しずつ、私は母親になりました。
母親になった、というより、
母親にしてもらった、というほうが正しいのかもしれません。
いまだに母親にしてもらっている途中のような気もします。

多分、私はこれからも、
生涯をかけてこの「母親の道」を、
歩んでいくことになるのだと思います。

二〇二〇年二月

むぴー

初出 ● 本書は、Conobie[コノビー]2017年
7〜9月配信の「母、はじまりの７日間」を
再編集し、大幅に加筆・修正、改題したも
のです。

子育てに、笑いと発見を
Conobie

https://conobie.jp/

著者略歴

むぴー

落書き好きの大阪在住主婦。理系夫とやんちゃな4歳息子、おてんばな2歳娘の育児中。ツイッターで育児絵日記をつぶやくのが日課。
著書に『子供ができて知ったこと』(扶桑社)。

https://twitter.com/mupyyyyy
https://mupyyy.com/

装幀 ● 原てるみ(mill inc.)

母がはじまった

2020年2月26日　第1版第1刷発行

著　者　むぴー
発行者　清水卓智
発行所　株式会社 PHPエディターズ・グループ
〒135-0061　江東区豊洲5-6-52
TEL 03-6204-2931
http://www.peg.co.jp/
発売元　株式会社 PHP研究所
東京本部　〒135-8137　江東区豊洲5-6-52
普及部　TEL 03-3520-9630
京都本部　〒601-8411　京都市南区西九条北ノ内町11
PHP INTERFACE　https://www.php.co.jp/
印刷所
製本所　凸版印刷株式会社

ISBN978-4-569-84657-6